정조 대왕

정조 대왕

김종렬 글 민은정 그림

비룡소

달빛이 고운 밤이었어요. 이산은 밤이 깊도록 달을 벗 삼아 책을 읽었어요. 졸음이 멀리 달아나자 어두운 밤도 두렵지 않았어요. 머릿속이 맑아져서 담장 밖을 오가는 작은 발소리도 바로 알아차릴 수 있었지요.

"새벽까지 나를 살펴 주는 것은 너뿐이로구나."

이산은 밤하늘에 떠오른 달을 보며 중얼거렸어요.

달은 언제나처럼 밝은 빛으로 어두운 세상을 환히 비춰 주었어요. 하지만 이산은 궁궐 안이 칠흑처럼 어둡게 느껴졌어요.

믿고 의지할 사람 하나 없는 궁궐에서 이산은 늘 외롭고 불안했어요. 대신들은 이산이 사도 세자의 아들이라는 이유로, 틈만 나면 헐뜯고 깎아내렸어요. 이산의 행동을 몰래 살피고 감시하는 사람들도 있었어요.

이산은 자신을 해치려는 사람들 틈에서 한시도 마음을 놓을 수가 없었어요.

"죽은 네 아비는 죄인이다!"

할아버지 영조의 말에 이산은 온몸을 부르르 떨었어요.

"죄인의 아들이 임금이 될 수 있다고 생각하느냐?"

영조가 이산의 얼굴을 뚫어져라 바라보며 물었어요. 대답을 기다리는 표정이 아니었어요.

"산아, 너를 효장의 아들로 삼아 내 뒤를 잇게 할 것이다. 이제부터 너는 효장의 아들이다."

이산은 떨리는 손을 꽉 움켜쥐었어요.

"네 아비의 일을 다시 꺼내는 자는 나와 이 나라 조선을 거스르는 역적이다! 함부로 입에 올리는 자들이 있다면 큰 벌을 내릴 것이다."

영조가 힘주어 말했어요.

영조는 이산이 자신의 뒤를 이어 왕이 되기를 바랐어요. 하지만 대신들은 사도 세자의 아들인 이산이 왕위에 오르는 것을 반대했어요. 영조가 이산을 일찍 죽은 큰아들 효장 세자의 양아들이 되게 한 것은 그래서였어요.

"산아, 너 또한 죽은 네 아비의 일을 다시는 꺼내지 마라. 알겠느냐?"

이산은 대답하지 못했어요. 억울하게 죽은 아버지 생각에 울음이 터질 것만 같았어요.

이산의 아버지 사도 세자는 이산이 열한 살 되던 해인 1762년, 붕당 싸움에 휩쓸려 목숨을 잃었어요.

'붕당'은 학문이나 정치에 대한 생각이 비슷한 사람들이 뭉친 집단이에요. 처음에 붕당들은 서로 간의 차이를 인정하며 더 나은 정치를 위해 노력했어요. 하지만 시간이 흐르면서 붕당 정치는 나라에 큰 혼란을 가져왔어요. 붕당끼리 서로 헐뜯고 싸우느라 나랏일은 뒷전이었어요. 다른 붕당 사람에게 죄를 뒤집어씌워 귀양을 보내거나 죽이는 일도 자주 일어났어요.

붕당 싸움의 소용돌이 속에서 왕이 된 영조는 '탕평책'을 실시했어요. '탕평'은 중국의 옛 책에 나오는 말인데, '어느 한쪽에 치우치지 않고 공평하다'는 뜻이에요.

영조는 여러 붕당에 벼슬자리가 골고루 돌아갈 수 있게 했어요. 하지만 붕당 정치를 완전히 뿌리 뽑지는 못했어요. 자신이 왕위에 오를 때 도와준 노론을 모른 척할 수 없었거든요.

영조와 달리 사도 세자는 노론의 힘에 휘둘리지 않았어요. 노론의 힘을 억누르기 위해 소론, 남인 같은 다른 붕당 사람들과도 가까이 지냈어요.

사도 세자가 왕이 되면 자신들의 힘이 약해질 것을 두려워한 노론은 몰래 일을 꾸몄어요.
"세자가 나라를 무너뜨리려 하나이다!"
노론 대신들은 영조에게 사도 세자가 반역을 꾀했다고 거짓으로 고했어요.
평소 사도 세자를 못마땅하게 여기던 영조는 크게 화를 냈어요.
"세자를 뒤주에 가두고 물 한 모금 주지 마라!"

"할바마마, 제발 아바마마를 살려 주세요!"

이산은 눈물을 흘리며 애원했어요. 하지만 영조는 사도 세자를 뒤주에서 꺼내 주지 않았어요.

결국 사도 세자는 여드레 만에 숨을 거두었어요.

영조는 이산을 외가로 보내 아버지의 마지막 모습마저 못 보게 했어요.

이산은 아버지를 뒤주에 가두어 죽게 한 할아버지가 무섭고 두려웠어요. 할아버지를 원망하는 마음도 컸어요. 하지만 곧 이산은 아버지를 진짜 죽게 만든 사람이 누구인지 알아차렸어요.

"사도 세자의 아들을 임금으로 받들 수 없나이다!"

"세손(임금의 자리를 이을 세자의 맏아들)은 술과 놀기를 좋아하니, 임금이 되어서는 안 됩니다!"

사도 세자를 죽음으로 몰아간 노론 대신들은 온갖 이유를 들어 이산이 왕위에 오르는 것을 반대했어요. 이산이 임금이 되면 사도 세자의 죽음에 대한 책임을 물어 자신들을 가만두지 않을 거라고 생각한 거예요.

"세손은 오로지 학문을 좋아하고, 조금도 게으름을 피우지 않는다. 밤낮으로 시간을 아껴 책을 읽는 세손이 술을 마시고 놀기를 좋아하다니, 결코 있을 수 없는 일이다. 다시는 거짓된 말로 세손을 헐뜯지 마라!"

노론 대신들의 모함에도 영조는 이산을 믿고 감싸 주었어요. 아들을 자기 손으로 죽였는데 손자마저 잃을 수는 없었어요.

영조가 자신을 감쌀 때마다 이산은 마음을 괴롭히는 생각을 떨쳐 낼 수가 없었어요.
  '내가 없었다면 할바마마께서 아바마마를 그렇게 돌아가시게 했을까? 돌아가신 아바마마가 받아야 할 할바마마의 사랑을 내가 대신 받고 있는 게 아닐까?'
  하지만 이산은 아버지의 죽음을 슬퍼하고만 있지는 않았어요. 임금의 자리에 오르는 일이 아무리 험난하고 괴로워도 참고 견뎌 낼 생각이었지요.

이산은 힘 있는 왕이 되어 붕당 정치를 끝내고 백성을 위한 정치를 펼치고 싶었어요. 그것은 왕위에 오르지 못한 채 숨을 거둔 아버지의 한을 푸는 일이기도 했어요.

1776년, 이산은 영조의 뒤를 이어 조선의 제22대 왕 정조가 되었어요.
　"과인은 사도 세자의 아들이다!"
　정조는 대신들 앞에서 똑똑히 말했어요. 노론 대신들은 두려움에 떨었어요.

정조는 사도 세자를 죽게 만들고, 자신이 왕이 되는 것을 막으려 한 자들에게 큰 벌을 내렸어요. 하지만 노론 전체에 잘못을 묻지는 않았어요.

"이제 더는 아바마마의 일을 들춰 잘잘못을 가리지 않을 것이오. 그러니 아바마마께 못다 한 효를 다하고자 하는 나의 마음을 막지 마시오."

정조는 한발 물러섰어요. 숨죽이고 있던 노론 대신들은 그제야 가슴을 쓸어내렸어요.

'아바마마의 억울함을 풀어 드려야 마땅하지만 지금은 때가 아니다. 먼저 나라의 기틀을 바로잡아야 해.'

오랫동안 권력을 차지하고 있던 노론은 호락호락한 상대가 아니었어요. 정조는 아무런 준비 없는 싸움이 어떤 결과를 가져올지 잘 알고 있었어요.

정조는 백성들의 고통을 덜어 주는 데 온 힘을 다했어요.

조선 시대 사람들은 날 때부터 양반, 중인, 상민, 천민으로 신분이 나뉘었어요. 그중 양반은 세금도 거의 안 내고, 군대도 안 갔어요. 가난하고 힘없는 백성들만 세금을 내고, 군인이 되어 나라를 지켰지요. 그러다 보니 백성들은 열심히 농사를 짓고 장사를 해도 늘 가난에 쪼들렸어요. 견디다 못해 노비가 되거나, 산으로 들어가 도적이 되는 사람들도 많았어요.

정조는 이렇게 불공평한 법과 잘못된 제도를 하나하나 손보기로 마음먹었어요. 그러기 위해서는 자신의 뜻을 믿고 따라 줄 신하들부터 찾아야 했어요.

"능력과 재주가 있다면 붕당과 신분을 구별치 않고 쓸 것이오."

정조는 영조의 탕평책을 더욱 엄격하게 펴 나갔어요. 그동안 나랏일에서 밀려나 있던 소론과 남인은 물론, 서얼에게도 기회를 주었지요. 그때까지 서얼은 양반이더라도 본부인의 자식이 아니라는 이유로 차별을 많이 받았어요. 하지만 정조는 이덕무, 박제가, 유득공처럼 학문이 높고 능력이 뛰어난 서얼들에게 벼슬길을 열어 주고, 나라를 위해 일할 수 있게 했어요.

"드디어 제대로 된 탕평의 시대가 오려나 봅니다!"

"상감께서 우리를 알아주시니, 보답하는 길은 열심히 일하는 것뿐입니다!"

정조는 젊은 인재들이 마음껏 능력을 펼칠 수 있도록 왕실 도서관인 규장각을 새로 지었어요. 재주 있는 관리들이 규장각에서 나랏일에 필요한 공부를 할 수 있도록 '초계문신' 제도도 만들었어요.
　"학문이 바로 서야 나라가 튼튼해지는 법. 젊은 관리들을 초계문신으로 뽑아 학문에 힘쓰게 하시오."

규장각은 단순한 도서관을 넘어, 조선의 미래를 밝히는 지혜의 창고가 되었어요. 정조는 규장각 관리들과 함께 공부하고 토론하면서, 변화하는 세상에 맞춰 조선을 더 부유하고 강하게 만들 방법을 궁리했어요.

새로운 인재를 키우는 한편, 정조는 백성을 위한 정치를 펼쳐 나갔어요. 도망간 노비를 잡아들이는 법을 없앤 것도 그중 하나예요.

 조선 시대에 노비는 모든 백성들 중에서 가장 비참한 삶을 살았어요. 노비는 아무리 능력이 뛰어나도 평생 노비로 살아야 했어요. 양반은 노비를 사고파는 물건처럼 여겼고, 제멋대로 노비를 때리거나 죽이는 일도 흔했어요. 이 때문에 많은 노비들이 목숨을 걸고 달아나, 나라에서는 도망간 노비를 잡는 것이 큰일이었어요.

"도망친 노비를 잡아들이는 일을 멈추시오. 달아난 노비를 잡아들여 벌하는 것으로는 아무것도 해결되지 않소. 노비도 사람답게 살 수 있는 방법을 찾도록 하시오. 그들도 내가 보살펴야 할 백성들이오."

정조의 말에 대신들은 깜짝 놀랐어요.

"수백 년 동안 이어져 온 노비 제도를 하루아침에 바꾼다면 나라에 큰 혼란이 올 것입니다!"

하지만 정조는 뜻을 굽히지 않았어요.

"아무리 오래된 제도라도 잘못이 있다면 고치는 것이 마땅하오. 반대만 하지 말고 좋은 길을 찾아보시오."

정조는 백성들의 이야기를 몸소 듣고, 그들의 억울함과 고통을 어루만져 주고 싶었어요. 그래서 영조 때 금지되었던 격쟁을 되살렸어요.

"격쟁을 허해 백성들의 목소리를 듣고자 하오."

격쟁은 임금이 궁궐 밖으로 길을 나설 때, 백성들이 징이나 꽹과리를 울리며 자신들의 억울함을 알리는 제도였어요. 백성들에게는 이보다 좋은 제도가 없었지만, 관리들은 격쟁을 몹시 싫어했어요. 임금이 백성의 이야기를 직접 듣게 되면, 자신들이 저지른 잘못이 들추어질 수 있었기 때문이지요.

격쟁을 시작한 후 정조의 행차 길은 억울한 일을 하소연하려고 몰려든 백성들로 늘 시끌벅적했어요.
"임금님이 우리 얘기를 들어주신다니, 어서 가 보세!"
"이렇게 기쁜 일이 다 있나. 임금님께 내 억울함도 알려야겠네!"

정조는 먼 지방에 사는 백성들도 잊지 않았어요.

수도인 한성에서 멀리 떨어진 지방은 왕의 힘이 미치기 힘들었어요. 그러다 보니 백성들을 괴롭히는 나쁜 관리들이 많았어요.

지방 관리들은 흉년으로 굶주리는 백성들을 위해 나라에서 내린 쌀을 중간에서 가로채는가 하면, 백성들이 나라에 바친 세금을 몰래 빼돌리기도 했어요. 법을 무시하고 백성들을 마음대로 벌주거나 매질하는 관리들도 많았어요.

"그릇된 지방 관리들을 바로잡지 않는다면 백성들의 원망 소리가 그치지 않으리라."

정조는 지방을 바로 다스리기 위해 자신의 뜻을 잘 아는 신하들을 지방 관리로 내려보냈어요. 또 암행어사를 자주 보내 백성을 괴롭히는 지방 관리들이 없는지 살폈어요.

"임금이 우리가 오랫동안 누려 온 것을 모조리 없애려 하고 있소이다!"
"그런 임금을 따르는 무리가 늘고 있으니 더욱 큰일이 아니오!"
노론 대신들은 정조가 펼치는 개혁 정치를 하나부터 열까지 모두 못마땅해했어요.

정조는 그런 노론을 조심 또 조심했어요. 세손 때뿐 아니라, 왕이 된 뒤에도 정조는 정체 모를 자들에게 여러 번 목숨의 위협을 받았어요.

'힘을 길러 스스로를 지키지 않는다면 저들에게 당하고 말겠구나. 특히 군대는 결코 저들이 마음대로 하게 둬서는 안 된다.'

정조는 무예가 뛰어난 병사들을 뽑아 '장용영'이라는 군대를 새로 만들었어요. 그동안 노론이 제 마음대로 부리던 군대를 바로잡고, 자신에게 충성을 다할 군사들을 기르기 위해서였지요.

또 정조는 규장각 관리인 이덕무, 박제가에게 장용영의 장교인 백동수와 함께 『무예도보통지』라는 책을 짓게 했어요. 『무예도보통지』는 전투 동작을 그림으로 하나하나 보여 주어, 병사들이 무예를 쉽게 익힐 수 있었어요.

"새가 한쪽 날개만으로 날 수 없듯, 학문과 무예는 둘 다 중요하다."

『무예도보통지』에는 흐트러진 군대를 바로잡아 나라의 힘을 키우고자 했던 정조의 의지가 담겨 있었어요.

왕위에 오른 지 십삼 년째 되던 1789년, 정조는 아버지 사도 세자의 무덤을 수원으로 옮겼어요. 그동안 사도 세자의 무덤은 외진 곳에 초라하게 버려져 있었어요. 죄인으로 죽음을 맞았기에 아무도 돌보지 않았던 거예요.

새로 옮긴 사도 세자의 무덤에 가려면 수백 명의 사람들이 한강을 건너야 했어요. 한강을 건널 방법을 고민하던 정조는 이 일을 정약용에게 맡겼어요.

정약용은 고민 끝에 수십 척의 배를 나란히 세운 다음, 그 위에 판자를 깔아 '배다리'를 만들었어요. 덕분에 많은 사람들이 빠르고 안전하게 한강을 건널 수 있었어요.

정조는 배를 내준 백성들에게 피해가 가지 않도록 보상하는 것도 잊지 않았어요.

"아바마마를 위한 일이니 백성들에게 절대 피해가 가지 않도록 하라."

정조는 사도 세자의 무덤을 왕의 무덤에 버금가게 만들고 '현륭원'이라 이름 지었어요. 새로 지은 아버지의 무덤 앞에서 정조는 오랫동안 눈물을 흘렸어요.

한편으로 정조는 남인의 우두머리인 채제공을 정승(조선 시대에 가장 높은 벼슬)으로 삼아 개혁에 더욱 힘을 냈어요. 채제공을 비롯한 남인들은 백성을 위한 정치에 관심이 많았어요. 노론에 밀려 벼슬길에 나서지 못한 기간 동안, 백성들과 어울려 살며 그들의 삶을 가까이에서 살핀 덕분이었지요.

시전 상인들만 장사를 할 수 있다니, 억울합니다!

"백성들이 나라를 원망하는 목소리가 그치지 않는다면 무언가 문제가 있다는 뜻이오. 잘못된 것이 있다면 고쳐야 하지 않겠소?"

정조는 자신이 꿈꾸는 새로운 정치에서 채제공이 큰일을 해 주리라 믿었어요.

채제공은 그런 정조의 믿음을 저버리지 않았어요.

"금난전권 때문에 백성들의 삶이 어렵습니다. 금난전권을 없애 백성들의 고통을 덜어 주소서!"

당시 한성에서는 나라에서 허가한 시전 상인들만 장사를 할 수 있었어요. 시전 상인들은 나라에 필요한 돈과 물건을 바치는 대신, 다른 상인들이 물건을 파는 난전을 막을 수 있는 '금난전권'이라는 특권을 가졌어요.

그런데 이 금난전권에 대한 불만의 목소리가 점점 커졌어요. 시전 상인들이 금난전권을 이용해 물건값을 제멋대로 올린 데다, 난전 상인들의 물건을 마구잡이로 부수거나 빼앗았기 때문이지요.

정조는 채제공의 주장을 받아들여 시전 상인이 아닌 백성들도 자유롭게 장사를 할 수 있도록 했어요.

금난전권을 핑계로 시전 상인들에게 돈과 값나가는 물건을 받아 챙기던 노론 대신들은 깜짝 놀랐어요. 탕평책으로 벼슬자리가 줄어든 데 이어, 금난전권으로 지금껏 누려 온 부도 흔들리게 된 거예요.

"금난전권이 없어져 손해가 막심합니다!"

"남인을 비롯한 다른 붕당 사람들을 몰아내기 전에는 마음을 놓을 수 없을 것입니다!"

노론은 자신들의 부와 권력을 지키기 위해 정조와 채제공, 남인들을 꺾을 기회만 노렸어요.

그러던 어느 날, 전라도 진산에서 뜻밖의 사건이 일어났어요. 천주교 신자인 윤지충이 돌아가신 어머니의 제사를 지내지 않은 거예요.

노론은 기회를 놓치지 않았어요. 정조가 아끼는 젊은 선비들 중에는 천주교를 종교로 믿거나 학문으로 공부하는 사람들이 많았어요.

"부모도 몰라보는 천주교를 받드는 자를 결코 용서해서는 안 됩니다. 이대로 두면 나라가 바로 서지 않을 것입니다!"

당시 조선에는 청나라를 통해 들어온 서양의 과학 기술과 사상을 연구하는 선비들이 많았어요. 청나라와 조선에 서양의 학문을 소개한 것이 천주교 신부들이어서, 천주교에 대한 관심도 컸어요.

본래 정조는 나라에 도움이 된다면 서양의 것이라도 배우고 익히는 것을 문제 삼지 않았어요. 천주교도 무조건 막지는 않았어요.

하지만 윤지충의 일은 그냥 넘어갈 수 없었어요. 조선은 유교의 가르침을 따르는 사회였고, 유교에서는 조상을 섬기는 일을 중요하게 여겼어요. 제사를 지내지 않는 것은 나라의 질서를 흔드는 일이었어요.

정조는 윤지충을 벌하고, 천주교에 관한 책을 불태우는 것으로 일이 크게 번지는 것을 막으려고 했어요. 하지만 노론 대신들은 쉽게 물러서지 않았어요.

"어리석은 백성들까지 천주교에 물들고 있나이다. 천주교 신자를 모조리 찾아내 엄히 죄를 물으십시오!"

노론 대신들이 목소리를 높였어요.

"천주교가 나라를 어지럽힌다지만, 그대들 또한 패관 문학에 물들어 바른 학문을 어지럽히고 있지 않소?"

정조의 말에 노론 대신들은 뜨끔했어요. 패관 문학은 오늘날의 소설이나 수필과 비슷한 글인데, 당시 노론의 젊은 선비들 사이에 크게 유행했어요. 그런데 정조 때는 사람의 마음을 어지럽히는 표현이 많다고 하여, 패관 문학을 선비들이 읽어서는 안 되는 글로 여겼어요.

패관 문학을 들어 노론의 목소리를 잠재운 후에도 정조는 씁쓸한 마음을 지울 수가 없었어요. 아무리 애를 써도 힘과 권력을 가진 양반들이 모인 한성에서는 새로운 정치를 펼치기 힘들 것 같았어요.

　정조는 오랜 고민 끝에 한성을 벗어나 아버지의 무덤이 있는 수원에 새로운 도시를 세우기로 결심했어요. 수원은 충청도, 전라도, 경상도에서 올라오는 길이 만나 한성으로 이어지는 곳이어서 매일 많은 사람들과 상품들이 오갔어요. 정조가 백성을 위한 새로운 정치를 펼치기에 더없이 좋은 땅이었지요.

정조는 배다리를 만든 정약용을 불러, 새로운 도시를 둘러쌀 성을 쌓게 했어요.

"수원에 성을 쌓으려 하니 그대가 도와주시오."

정조는 정약용에게 되도록 적은 돈으로, 안전하게 성을 지을 방법을 찾도록 했어요.

'전하께서 바라는 성은 결코 평범한 것이 아니다. 튼튼할 뿐 아니라 아주 새로워야 해.'

정약용은 밤낮을 가리지 않고 성곽 연구에 몰두했어요. 그동안 만들어진 성들의 장점과 단점을 찾아내고, 중국과 일본의 성도 살폈지요.

마침내 정약용이 새로운 성의 설계도를 올렸어요. 설계도에는 성을 어떻게 쌓을지, 어떤 시설을 갖추어야 하는지 등이 상세히 쓰여 있었어요.

"성을 한 번도 쌓아 본 경험이 없는 그대가 이처럼 훌륭한 성곽을 설계하다니, 참으로 대단하오!"

정조는 정약용을 크게 칭찬했어요.

1794년 1월, 드디어 수원 화성 공사가 시작되었어요.
"서두르지 말고 기초를 튼튼히 만들도록 하시오."
화성은 정조가 낡은 정치를 훌훌 털고, 백성들을 위한 새 정치를 펼치려는 곳이었어요. 붕당 정치를 뿌리 뽑고 힘 있는 왕으로서 우뚝 설 꿈의 성이었지요.
성을 쌓는 것은 아주 힘들고 어려운 일이었어요. 오랜 시간이 걸릴 뿐 아니라, 큰돈과 많은 사람이 필요했지요. 그런데 화성 공사장에는 신이 나서 일하는 백성들의 흥겨운 목소리가 가득했어요. 뙤약볕에도 꾀를 부리거나 게으름을 피우는 백성들을 찾아볼 수 없었어요.

그동안은 나라에서 큰 공사를 벌이면 백성들은 강제로 불려 가 무료로 일해야 했어요. 못된 관리들에게 부림을 당하다가 병이 들거나 다치는 경우도 많았어요.

하지만 정조는 화성 공사에 참여한 백성들에게 품삯을 나누어 주었어요.

"일한 만큼 품삯을 받으니 이보다 좋은 일이 있는가. 참말로 일할 맛 나네!"

백성들은 자기 일처럼 부지런히 화성을 쌓았어요.

화성 공사에는 백성들의 일손을 덜어 주기 위한 새로운 기계도 많이 쓰였어요. 정약용이 도르래의 원리를 이용해 만든 거중기는 무거운 바윗돌을 손쉽게 들어 올렸어요. 거중기를 본 백성들은 깜짝 놀랐어요.
"커다란 돌덩이가 저절로 위로 올라가다니, 참으로 신기하구나!"
사람이 해야 하는 일을 거중기가 대신하면서, 화성 공사는 한층 더 빨라졌어요.

결국 십 년이 걸릴 거라던 화성은 약 이 년 반 만에 완성되었어요. 최고의 과학 기술을 활용한 데다, 모두 한마음 한뜻으로 성을 지은 덕분이었지요.

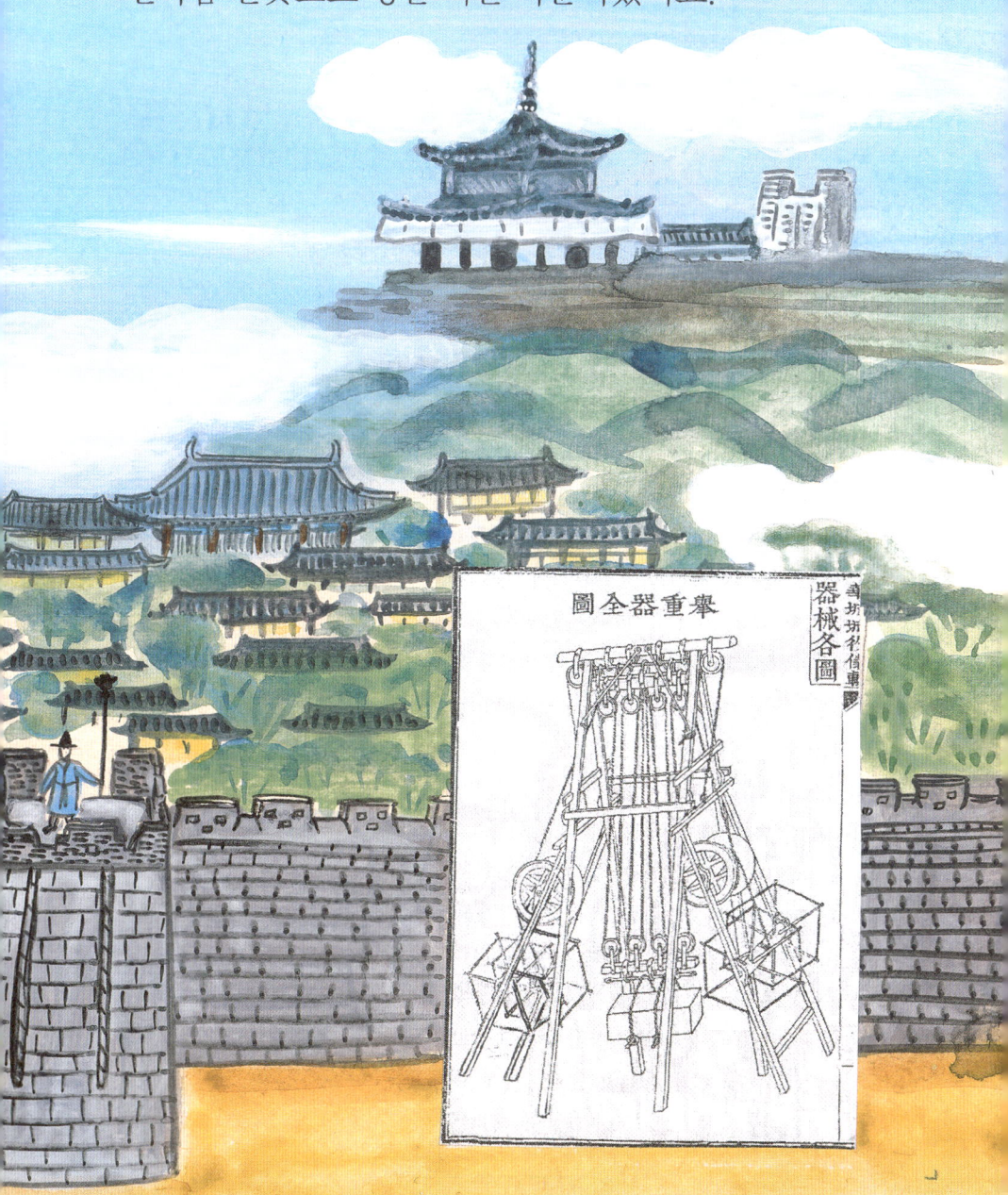

1795년 이른 봄, 정조는 어머니 혜경궁의 예순한 번째 생일을 축하하는 잔치를 열기 위해 화성으로 출발했어요.

　정조의 화성 행차는 웅장하고 화려했어요. 색색의 깃발을 휘날리는 가운데 수천 명의 관리들과 군사들, 수백 마리의 말들이 거대한 물결이 되어 나아갔지요.

왕의 행차를 보기 위해 구름같이 모여든 백성들은 또 다른 볼거리였어요.

"가도 가도 사람과 말의 행렬이 끝이 없구나! 세상에 다시 볼 수 없는 행차일세!"

"참으로 놀라운 광경일세. 저 많은 군사들이 모두 임금님을 지킨다니, 대단하지 않은가!"

평소 정조는 해진 옷도 버리지 않고 꿰매 입을 만큼 검소하고 소탈한 왕이었어요. 하지만 이날의 화성 행차는 화려하기 그지없었어요. 정조는 백성들과 노론 대신들에게 그동안 강해진 자신의 힘을 똑똑히 보여 주고 싶었어요.

화성에 도착한 정조는 수원이 한눈에 내려다보이는 서장대에 올라 장용영의 군사들을 지휘했어요. 군사들 앞에 선 정조의 모습이 밤하늘을 밝힌 횃불처럼 위풍당당했어요.

노론 대신들은 간담이 서늘했어요.
'아! 임금의 힘이 너무나 커졌구나. 저 군사들의 칼과 창이 우리를 겨눈다면 큰일이 아닌가.'

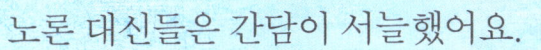

"임금이 힘으로 우리를 누르려 하고 있소. 이대로 있다간 당하고 말 것이오!"

"그렇소. 더 늦기 전에 대책을 세워야 하오!"

노론 대신들은 정순 왕후와 손을 잡고 정조의 힘이 커지는 것을 막으려고 했어요.

정순 왕후는 영조가 예순여섯 살 때 새로 맞이한 왕비였어요. 노론 집안 출신인 정순 왕후는 정조가 하는 일은 무조건 반대했어요. 영조가 사도 세자를 뒤주에 가두어 죽이는 데도 적지 않은 역할을 했어요.

노론과 정순 왕후의 꿍꿍이에도 정조는 당당했어요. 꾸준히 힘을 키우며 굳세게 자신의 길을 갔지요.

1800년 5월, 정조는 신하들을 불러 놓고 말했어요.

"시대가 바뀌면 옳고 그름도 달라지는 법. 영조 임금께 충신이었다고 해서 과인에게도 충신일 수는 없소."

노론 대신들의 얼굴이 흙빛으로 변했어요.

정조가 사도 세자를 죽음으로 몰아간 사람들을 모두 벌하지 않은 것은 영조와 한 약속 때문이었어요. 그러니까 "영조의 충신이 자신의 충신일 수 없다."는 말은 노론 대신들에게 보내는 정조의 마지막 경고였어요. 정조는 노론 대신들에게 당장 붕당 싸움을 그만두고, 새로운 조선을 만드는 데 힘을 보태지 않으면 크게 벌하겠다고 말한 거예요.

"날은 저무는데 갈 길이 멀구나!"

정조는 노론 대신들의 고집스러운 얼굴을 떠올리며 한숨을 쉬었어요. 가도 가도 끝나지 않는 길 위에 서 있는 기분이었어요. 정조는 노론 대신들이 진심으로 죄를 뉘우치고 마음을 바꾸기를 바랐지만, 그들은 끝내 정조의 뜻을 받아들이지 않았어요.

엎친 데 덮친 격으로 정조의 건강은 점점 더 나빠졌어요. 자리에 눕는 날이 많았지요.

'아직 해야 할 일이 많은데…….'

정조는 기운을 차리려 애썼지만, 몸이 무겁고 머리가 아파 일어나기가 힘들었어요. 병은 점점 깊어만 갔어요.

그러던 6월 28일, 정순 왕후가 손수 탕약을 들고 문병을 왔어요. 정순 왕후는 정조를 살피던 대신들과 의원들을 모두 밖으로 내보내고 정조의 방으로 들어갔어요.

잠시 후 정순 왕후의 놀란 목소리가 들려왔어요.

"눈을 떠 보시오, 주상, 정신을 차리세요. 주상!"

의원들이 다급히 방으로 들어갔지만, 정조는 이내 숨을 거두고 말았어요.

백성들 사이에는 정조가 독살되었을지 모른다는 흉흉한 소문이 돌았어요. 정조가 세상을 떠나자마자 노론을 비롯해 정조에 반대하던 무리들이 힘을 얻었기 때문이지요. 그들은 이때다 하고 정조가 공들여 심어 놓은 개혁의 나무를 송두리째 뽑았어요.

정조를 따르던 젊은 인재들은 죽임을 당하거나 멀리 귀양을 갔어요. 새로운 경제 도시로 커 가던 수원은 휑뎅그렁한 폐허가 되었어요. 왕의 군대 장용영은 없어졌고, 관리들은 백성들의 목소리에 귀를 닫았어요.

정조는 스스로를 '만 갈래 시내에 비치는 밝은 달'이란 뜻의 "만천명월주인옹"이라고 불렀어요. 세상을 두루 비추는 달처럼, 모든 백성의 기쁨과 슬픔을 살피는 왕이 되고 싶었던 거예요. 하지만 정조의 죽음과 함께 그 꿈은 산산이 부서져 버렸어요. 정조가 꿈꾸던 새로운 조선도 변화하는 세상에 등을 돌린 채 뒷걸음질 치고 말았어요.

♣ 사진으로 보는 정조 대왕 이야기 ♣

정조의 개혁 정치

1776년 조선의 제22대 왕이 된 정조는 붕당 정치로 어지러운 나라를 바로 세우고 백성들이 살기 좋은 나라를 만들기 위해 여러 가지 개혁을 실시했어요.

탕평책 '붕당'은 학문적인 생각이나 정치적인 의견이 같은 사람들의 모임이에요. 붕당이 처음 생겨난 것은 조선의 제14대 왕인 선조 때예요. 관리를 임명하는 권한을 가진 '이조 전랑'이라는 벼슬을 놓고 '동인'과 '서인'으로 갈라진 것이

수원 화령전에 있는 정조의 초상화예요. 화령전은 순조가 정조의 지극한 효성을 받들기 위해 세운 건물이지요.

붕당의 시작이었지요. 나중에 동인은 '남인'과 '북인'으로, 서인은 '노론'과 '소론'으로 다시 갈라졌고 그 후로도 수많은 당파가 계속 생겨났어요.

처음에 붕당은 더 나은 정치를 위해 서로 경쟁하고, 왕이 자기 마음대로 권력을 휘두르지 못하게 견제하는 등 긍정적인 역할을 했어요. 하지만 시간이 흐를수록 자기 당의 이익을 위하느라 나랏일은 뒷전이 되었어요. 권력을 잡은 쪽이 반대편을 역적으로 몰아 죽이는 등 수많은 사람이 붕당 정치에 희생되었어요.

'묵청포'라는 음식이에요. 영조가 신하들과 탕평책을 의논하는 자리에 올린 음식이라 하여 '탕평채'라고 불러요.

정조는 영조의 탕평책을 이어받아 붕당 정치를 없애려고 노력했어요. 노론, 소론, 남인 같은 당파에 상관없이 젊고 재능 있는 신하들을 뽑아 썼고, 본부인의 자식이 아니라는 이유로 차별받던 서얼들에게도 벼슬길을 열어 주었어요. 이렇게 기른 새로운 인재들은 훗날 정조가 개혁 정치를 펼치는 데 중요한 역할을 했어요.

규장각 본래 규장각은 왕이 쓴 글이나 왕의 초상화 등을 보관하는 곳이었어요. 하지만 정조 때 규장각은 단순한 도서관이 아니라, 정치 개혁의 중심 기관이었어요.

정조는 규장각 관리들과 매일같이 만나 나랏일을 의논했어요. 또 37세 이하의 관리들 중 뛰어난 이들을 규장각에서 다시 교육하는 '초계문신' 제도를 실시해, 새로운 인재 발굴에 애썼어요. 초계

규장각이 있던 창덕궁 주합루예요. 정조는 규장각 관리들이 자유롭게 나랏일을 연구할 수 있도록, 아무리 벼슬이 높은 사람도 규장각에 함부로 들어갈 수 없도록 했어요.

문신에 뽑힌 관리들은 3년여간 공부에만 전념할 수 있었어요. 정조는 직접 초계문신들에게 강의를 하고 시험을 보는 등 특별히 마음을 썼어요. 또 초계문신들이 규장각에서 공부한 바를 실제 정치에 적용할 수 있도록 여러 면에서 힘을 실어 주었어요.

장용영 정조는 나라를 잘 다스리기 위해서는 학문 연구만큼이나 군대의 힘을 키우는 것이 중요하다고 생각했어요. 왕이 붕당 정치에 휘둘리지 않으려면 왕을 뒷받침해 줄 강한 군대가 있어야 했어요. 당시는 붕당 정치가 오랜 기간 계속된 탓에 나라의 군대마저 당파의 이익을 위해 움직이는 경우가 많았거든요.

정조는 장용영이라는 군대를 새로 만들어서, 노론이 제 마음대로 부리던 군대를 바로잡았어요. 장용영은 한성에 있는 '내영'과 화성에 있는 '외영'으로 나뉘었는데, 날래고 용맹할 뿐 아니라 왕에게 충성을 다하는 믿음직한 군대였어요.

또 정조는 규장각 관리 이덕무, 박제가, 장용영 장교 백동수에게 명령해 『무예도보통지』라는 무예서도 쓰게 했어요. 『무예도보통지』는 군사들에게 실전에서 쓸 무예를 가르치기 위한 책으로, 오

『무예도보통지』 중 칼을 갖고 싸우는 기술을 알려 주는 부분이에요.

늘날 우리 전통 무예의 꽃이라고 불리어요.

금난전권 폐지 1791년 정조는 시전 상인의 특권인 '금난전권'을 없애 누구나 자유롭게 장사할 수 있도록 했어요. 그전까지 한성에서는 '시전'이라는 특별한 가게들만 장사를 할 수 있었어요. 시전은 궁궐이나 관청에 물건을 바치는 대가로, 다른 상인들이 한성에서 장사하는 것을 막는 특권인 금난전권을 갖고 있었어요. 시전 상인들은 금난전권을 이용해 싼값에 물건을 사들인 다음, 물건값이 오르기를 기다렸다가 비싼 값에 팔아 큰 이득을 취했어요. 또 난전 상인들에게 폭력을 휘두르고, 물건을 부수거나 빼앗는 등 행패를 부리는 일도 많았어요.

정조는 가난한 상인들을 보호하고 물가를 안정시키기 위해 육의전을 제외한 시전의 금난전권을 없앴어요. 육의전은 비단을 파는 선전, 모시를 파는 저포전, 명주를 파는 면주전, 무명을 파는 면포전, 어물을 파는 어물전, 종이를 파는 지전을 이르러요. 덕분에 정조 때에는 큰 시장이 여러 개 생겨나고 상업이 크게 발달했어요.

백성을 위한 정치 정조는 궁궐 밖으로 나가 백성들을 많이 만났어요. 정조의 행차 길은 늘 글을 올리거나 꽹과리를 쳐서 자신들의 억울한 사정을 알리려는 백성들로 가득했어요. 정조는 백성들의 이야기를 귀담아듣고, 문제를 해결해 주기 위해 애썼어요.

왕위에 오른 지 얼마 안 되어 도망간 노비를 잡아들이는 노비 추쇄법을 없애고, 나라에 속한 공노비들을 자유롭게 풀어 주기 위해 오랜 기간 노력한 것도 백성들을 가엾게 여겼기 때문이에요.

정조는 백성들이 억울하게 죄를 뒤집어쓰고 벌을 받지 않도록 법과 제도를 고치고, 관아에서 죄인을 함부로 벌하지 못하도록 곤장 같은 형벌 도구의 크기와 모양을 꼼꼼히 정해 바르게 쓰도록 했어요.

또 부패한 지방 관리들이 백성들을 못살게 굴지 못하도록 지방 정치에도 관심을 기울였어요. 암행어사를 내려보내 지방 관리들을 감시하는 한편, 자신이 믿고 아끼는 신하들을 지방 관리로 보내 소신껏 일할 수 있도록 했지요.

정조의 꿈이 담긴 수원 화성

1789년 정조는 아버지 사도 세자의 무덤을 경기도 양주 배봉산(지금의 서울 동대문구 휘경동)에서 수원 화산(지금의 경기도 화성)으로 옮겼어요. 본래 화산에 살던 백성들에게는 집값과 이사할 돈을 주어, 수원 팔달산 아래로 옮겨 살게 했어요. 1794년 정조는 들판 한가운데에 자리한 새 도시를 둘러싸는 튼튼한 성곽을 쌓기 시작했어요. 이것이 바로 1997년 유네스코 세계 문화유산으로 등록된 수원 화성이에요.

화성은 정조가 붕당 정치를 뿌리 뽑고, 왕의 힘을 키워 백성을

화성의 북문인 장안문과 남문인 팔달문이에요.
화성의 모든 성문은 적의 공격으로부터 보호하기 위해 반원 모양의
옹벽으로 둘러싸여 있는 것이 특징이에요.

위한 정치를 펼치기 위한 꿈의 도시였어요. 하지만 화성이 완성되고 4년 뒤인 1800년, 정조가 갑자기 세상을 떠나면서 새로운 정치를 펼치려던 정조의 꿈은 이루어지지 못했어요.

화성의 숨은 과학 거중기, 녹로(거중기처럼 무거운 물건을 들어 올리는 기계), 유형거(정약용이 만든 수레) 등 화성 공사에는 당대 최고의 과학 기술이 총동원되었어요. 덕분에 10년이 걸릴 거라던 화성 공사는 2년 반 만에 완성되었어요.

화성은 설계와 구조도 무척 과학적이에요. 화성 성곽에는 군사들이 몸을 숨길 수 있는 공심돈, 화포를 감춰 두고 쏘는 포루, 성 밖으로 비밀리에 나갈 수 있는 암문 등 다른 성에서는 볼 수 없는 새로운 시설들이 많아요.

화성의 동북쪽에 있는
공심돈이에요.
안은 비어 있고 벽에는 총이나
화살을 쏠 수 있도록 구멍이 나
있어서, 군사들이 몸을 감춘 채
밖을 살피거나 적을 공격할
수 있어요.

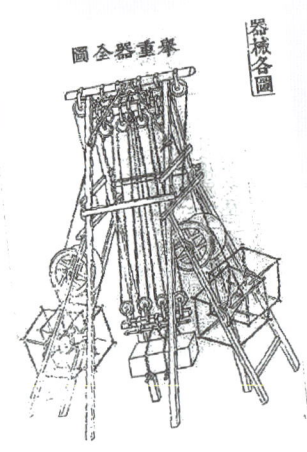

『화성성역의궤』에 그려져 있는 거중기예요. 정약용이 만든 거중기는 40근(약 24킬로그램)의 힘으로 무려 625배나 되는 2만 5천 근(1만 5천킬로그램)의 돌을 들어 올려 사람들을 놀라게 했다고 해요.

화성성역의궤 조선 시대에는 나라에서 큰일을 치를 때마다 그 일을 진행하는 과정을 글과 그림으로 자세히 적어 두었어요. 이렇게 나라의 큰 행사에 대한 기록을 담은 책을 '의궤'라고 해요.

『화성성역의궤』는 1794년부터 1796년까지 화성을 쌓는 과정을 기록한 의궤예요. 화성을 쌓는 방법은 물론 공사에 참여한 사람 수, 건축 재료와 각종 기계, 공사 과정 등이 세세하게 적혀 있지요.

『화성성역의궤』는 1997년 화성이 유네스코 세계 문화유산에 등록될 때 큰 역할을 했어요. 당시에 이렇게 자세한 공사 기록을 남긴 것은 우리나라밖에 없다고 해요. 일제 강점기와 한국 전쟁 동안 부서진 화성을 원래 모습대로 되돌릴 수 있었던 것도 『화성성역의궤』 덕분이에요.

정조의 화성 행차 정조는 화성에 자주 들러 사도 세자의 무덤을 돌아보고, 백성들의 생활을 살폈어요. 여러 번의 화성 행차 중에서도 1795년 혜경궁의 예순한 번째 생신을 축하하기 위한 화성 행차는 조금 더 특별했어요. 행차에 동원된 인원만 6천여 명이 넘었고, 구름 떼 같은 사람들이 몰려 행차를 구경했지요.

8일간의 화성 행차 중 한성에서 화성을 오가는 데 걸린 나흘을 제외한 나머지 기간 동안 정조는 화성에서 여러 가지 행사를 치렀어요. 사도 세자의 무덤인 현륭원을 돌아보고, 화성에서 가장 높은 데 있는 서장대에 올라 군대를 지휘했으며, 화성 행차를 기념하는 과거 시험을 열었어요. 또 혜경궁의 생일을 축하하고, 화성에 사는 가난한 백성들을 초대해 술과 음식을 나눠 주기도 했어요.

 정조의 화성 행차는 백성들과 신하들에게 왕의 힘을 과시하는 자리였어요. 정조는 이 행차를 통해 자신을 따르는 신하들에게는 믿음을 주고, 반대하는 무리에게는 엄중하게 경고함으로써 개혁에 더욱 힘을 내고자 했어요.

1795년 혜경궁의 회갑연을 기록한 『원행을묘정리의궤』 중 「반차도」예요. 정조의 화성 행차를 묘사한 그림인 「반차도」는 김홍도를 비롯해 당대의 화원들이 함께 그린 것으로 『원행을묘정리의궤』의 가장 중요한 부분이에요.

함께 보면 쏙쏙 이해되는 역사

◆ 1752년
사도 세자와 혜경궁 홍씨 사이에서 태어남.

◆ 1759년
왕세손이 됨.

1750

◆ 1764년
효장 세자의 양자가 됨.

1760

● 1762년
사도 세자가 뒤주에 갇혀 죽음.

◆ 1791년
금난전권을 폐지함.

◆ 1793년
왕의 호위 부대인 장용영을 만듦.

◆ 1796년
수원 화성이 완성됨.

◆ 1800년
세상을 떠남.

1790

1800

● 1792년
정약용이 거중기를 만듦.

● 1795년
정조의 화성 행차를 기록한 『원행을묘정리의궤』가 제작됨.

● 1800년
순조가 조선의 제23대 왕이 됨.

◆ 정조 대왕의 생애
● 조선 후기의 역사

1781년
초계문신 제도를 실시함.

1776년
조선의 제22대 왕이 됨.

1788년
채제공에게 정승 벼슬을 내림.

1778년
도망간 노비를
잡아들이는
노비추쇄법을 폐지함.

1789년
사도 세자의 무덤을
현륭원으로 옮김.

1770   **1780**

1776년
영조가 세상을 떠남.

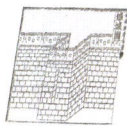

추천사

「새싹 인물전」을 펴내면서

요즈음 아이들에게 '훌륭한 사람'이 누구냐고 물으면 '돈 많이 버는 사람'이라고 대답한다고 합니다. 초등학생의 태반은 가수나 배우가 되고 싶어 하고요. 돈 많이 버는 사람이나 연예인이라는 직업이 나쁘다는 것이 아니라, 아이들이 각자가 갖고 있는 재능과는 상관없이 모두 똑같은 꿈을 갖는 것 같아 걱정입니다. 또 한편으로는 아이들이 진정 마음으로 닮고 싶은 사람에 대한 정보가 부족한 것은 아닌가 하는 생각도 듭니다.

어릴수록 위인 이야기의 힘은 큽니다. 아직 어리고 조그마한 아이들은 자신이 보잘것없다고 생각하고 위인들의 성공에 감탄합니다. 하지만 그네들에게는 끝없이 열린 미래가 있습니다. 신화처럼 빛나는 위인들의 모습은 아이들에게 훌륭한 역할 모델이 되고, 그런 삶을 살기 위해 무엇을 어떻게 해야 할지를 알려 주는 밝은 등대가 됩니다.

그렇다면 우리가 어른으로서 아이들에게 권해야 할 위인전은 무엇일까요? 보통 우리가 생각하는 '위인'은 훌륭한 업적을 남긴

위대한 사람, 멋지고 능력 있는 사람입니다. 하지만 시대가 변했으니 아이들이 역할 모델로 삼을 수 있는 위인의 정의나 기준도 변해야 할 것입니다.

그런 의미에서 비룡소의 「새싹 인물전」은 종래의 위인전과는 다른 점이 많습니다. 시리즈 이름이 '위인전'이 아닌 '인물전'이라는 데 주목하기 바랍니다. 「새싹 인물전」은 하늘에서 빛나는 위인을 옆자리 짝꿍의 위치로 내려놓습니다. 만화 같은 친근한 일러스트는 자칫 생소할 수 있는 옛사람들의 이야기를 일상에서 만날 수 있는 재미있는 사건처럼 보여 줍니다.

또 하나, 「새싹 인물전」에는 위인전에 단골로 등장하는 태몽이나 어린 시절의 비범한 에피소드, 위인 예정설 같은 과장이 없습니다. 사실 이런 이야기들은 현대를 사는 아이들에게는 황당하고 이해하기 힘든 일일 뿐입니다. 그보다는 천 리 길도 한 걸음부터, 큰 성공도 자잘한 일상의 인내와 성실함이 없었다면 이루어질 수 없었다는 것을 알려 주는 것이 중요합니다. 세상 사람들의 우러름을 받는 이들도 여느 아이들과 같은 시절을 겪었음을 보여 줌으로써, 아이들에게 괜한 열등감을 주지 않고 그네들의 모습을 마음속에 담을 수 있도록 해 주는 것입니다.

 덧붙여 위인전이란 그 인물이 얼마나 훌륭한 업적을 남겼는가 보여 주는 것도 중요하지만, 얼마나 참된 인간다움을 보였는가를 알려 줄 필요도 있습니다. 여기서 '인간다움'이란 기본적인 선함과 이해심, 남을 위해 봉사할 수 있는 사랑과 배려, 그리고 한 가지 목표를 설정하고 앞으로 나아갈 수 있는 의지와 용기를 말합니다. 성취라는 결과보다는 성취하기 위한 과정을 보여 주고, 사회적인 성공보다는 한 인간으로서 얼마나 자기 자신에게 철저하고 진실했는지를 보여 주는 것이 중요하다는 것입니다.

 하지만 아무리 좋은 가르침도 사랑과 따뜻함이 없으면 억누름과 상처가 될 뿐이겠지요. 「새싹 인물전」은 나의 노력과 의지에 따라 얼마든지 의미 있는 삶을 살 수 있음을 알려 줍니다. 내가 알고 있는 삶 외에도 또 다른 삶이 존재할 수 있다는 것, 꿈을 키우고 이루어 가는 과정에서 배우고 경험하게 되는 것들의 가치, 그런 따뜻함을 담고 있는 위인전입니다. 부디 이 책이 삶의 첫발을 내딛는 아이들에게 좋은 길잡이가 되었으면 하는 바람입니다.

기획 위원

박이문(전 연세대 교수, 철학)
장영희(전 서강대 교수, 영문학)
안광복(중동고 철학 교사, 철학 박사)

● 사진 제공
62쪽_ 연합 뉴스. 63, 67~69쪽_ 위키피디아. 64쪽_ ⓒ다데로/ 위키피디아. 65쪽_ 두피디아.

글쓴이 김종렬
경기도 파주에서 태어나 중앙 대학교 문예 창작학과를 졸업했다. 2002년『날아라, 비둘기』로 황금도깨비상을 받았다. 지은 책으로『길모퉁이 행운돼지』,『내 동생은 못 말려』,『난생신화 조작 사건』,『해바라기 마을의 거대 바위』,『우리의 소원은 독립이오』,『최무선』,『이순신』등이 있다.

그린이 민은정
서울에서 태어나 이화 여자 대학교 동양화과를 졸업하고, 한국 일러스트레이션 학교에서 공부했다. 그린 책으로『바퀴에서 우주선까지, 연기에서 인터넷까지』,『이태영』,『가브리엘 샤넬』,『사회는 쉽다 2 우리나라 건국 신화』,『신화, 과학을 들어 올리다』,『생선 도둑을 잡아라!』,『달나라 이발관』,『위대한 학교』,『판소리 소리판』 등이 있다.

새싹 인물전 **정조 대왕**
058

1판 1쇄 펴냄 2014년 10월 27일   1판 7쇄 펴냄 2020년 5월 22일
2판 1쇄 펴냄 2021년 5월 28일   2판 4쇄 펴냄 2024년 1월 18일

글쓴이 김종렬   그린이 민은정
펴낸이 박상희   편집장 전지선   편집 송재형   디자인 박연미, 이유림
펴낸곳 (주)**비룡소** 출판등록 1994.3.17.(제16-849호)
주소 06027 서울시 강남구 도산대로1길 62 강남출판문화센터 4층
전화 02)515-2000 팩스 02)515-2007   홈페이지 www.bir.co.kr
제품명 어린이용 각양장 도서   제조자명 (주)**비룡소** 제조국명 대한민국   사용연령 3세 이상

ⓒ 김종렬, 민은정, 2014. Printed in Seoul, Korea

ISBN 978-89-491-2938-9 74990
ISBN 978-89-491-2880-1 (세트)

「새싹 인물전」 시리즈

- 001 **최무선** 김종렬 글 이경석 그림
- 002 **안네 프랑크** 해리엇 캐스터 글 헬레나 오웬 그림
- 003 **나운규** 남찬숙 글 유승하 그림
- 004 **마리 퀴리** 캐런 월리스 글 닉 워드 그림
- 005 **유일한** 임사라 글 김홍모·임소희 그림
- 006 **윈스턴 처칠** 해리엇 캐스터 글 린 윌리 그림
- 007 **김홍도** 유타루 글 김홍모 그림
- 008 **토머스 에디슨** 캐런 월리스 글 피터 켄트 그림
- 009 **강감찬** 한정기 글 이홍기 그림
- 010 **마하트마 간디** 에마 피시엘 글 리처드 모건 그림
- 011 **세종 대왕** 김선희 글 한지선 그림
- 012 **클레오파트라** 해리엇 캐스터 글 리처드 모건 그림
- 013 **김구** 김종렬 글 이경석 그림
- 014 **헨리 포드** 피터 켄트 글·그림
- 015 **장보고** 이옥수 글 원혜진 그림
- 016 **모차르트** 해리엇 캐스터 글 피터 켄트 그림
- 017 **선덕 여왕** 남찬숙 글 한지선 그림
- 018 **헬렌 켈러** 해리엇 캐스터 글 닉 워드 그림
- 019 **김정호** 김선희 글 서영아 그림
- 020 **로버트 스콧** 에마 피시엘 글 데이브 맥타가트 그림
- 021 **방정환** 유타루 글 이경석 그림
- 022 **나이팅게일** 에마 피시엘 글 피터 켄트 그림
- 023 **신사임당** 이옥수 글 변영미 그림
- 024 **안데르센** 에마 피시엘 글 닉 워드 그림
- 025 **김만덕** 공지희 글 장차현실 그림
- 026 **셰익스피어** 에마 피시엘 글 마틴 렘프리 그림
- 027 **안중근** 남찬숙 글 곽성화 그림
- 028 **카이사르** 에마 피시엘 글 레슬리 뷔시커 그림
- 029 **백남준** 공지희 글 김수박 그림
- 030 **파스퇴르** 캐런 월리스 글 레슬리 뷔시커 그림
- 031 **유관순** 유은실 글 곽성화 그림
- 032 **알렉산더 벨** 에마 피시엘 글 레슬리 뷔시커 그림
- 033 **윤봉길** 김선희 글 김홍모·임소희 그림
- 034 **루이 브라유** 테사 포터 글 헬레나 오웬 그림
- 035 **정약용** 김은미 글 홍선주 그림
- 036 **제임스 와트** 니컬라 백스터 글 마틴 렘프리 그림
- 037 **장영실** 유타루 글 이경석 그림
- 038 **마틴 루서 킹** 베르나 윌킨스 글 린 윌리 그림
- 039 **허준** 유타루 글 이홍기 그림
- 040 **라이트 형제** 김종렬 글 안희건 그림
- 041 **박에스더** 이은정 글 곽성화 그림
- 042 **주몽** 김종렬 글 김홍모 그림
- 043 **광개토 대왕** 김종렬 글 탁영호 그림
- 044 **박지원** 김종렬 글 백보현 그림
- 045 **허난설헌** 김은미 글 유승하 그림
- 046 **링컨** 이명랑 글 오승민 그림
- 047 **정주영** 남경완 글 임소희 그림
- 048 **이호왕** 이영서 글 김홍모 그림
- 049 **어밀리아 에어하트** 조경숙 글 원혜진 그림
- 050 **최은희** 김혜연 글 한지선 그림
- 051 **주시경** 이은정 글 김혜리 그림
- 052 **이태영** 공지희 글 민은정 그림
- 053 **이순신** 김종렬 글 백보현 그림
- 054 **오드리 헵번** 이은정 글 정진희 그림
- 055 **제인 구달** 유은실 글 서영아 그림
- 056 **가브리엘 샤넬** 김선희 글 민은정 그림
- 057 **장 앙리 파브르** 유타루 글 하민석 그림
- 058 **정조 대왕** 김종렬 글 민은정 그림
- 059 **나폴레옹 보나파르트** 남찬숙 글 남궁선하 그림
- 060 **이종욱** 이은정 글 우지현 그림

061 **박완서** 유은실 글 이윤희 그림
062 **장기려** 유타루 글 정문주 그림
063 **김대건** 전현정 글 홍선주 그림
064 **권기옥** 강정연 글 오영은 그림
065 **왕가리 마타이** 남찬숙 글 윤정미 그림
066 **전형필** 김혜연 글 한지선 그림
067 **이중섭** 김유 글 김홍모 그림
068 **그레이스 호퍼** 박주혜 글 이해정 그림

* 계속 출간됩니다.